Impressum
Verlag: BABADADA GmbH, Nedderfeld 112 , 22529 Hamburg
Geschäftsführer / Verlagsleitung: Harald Hof
Druck: Books on Demand GmbH, In de Tarpen 42, 22848 Norderstedt

Imprint
Publisher: BABADADA GmbH, Nedderfeld 112 , 22529 Hamburg, Germany
Managing Director / Publishing direction: Harald Hof
Print: Books on Demand GmbH, In de Tarpen 42, 22848 Norderstedt, Germany

škola
iskola

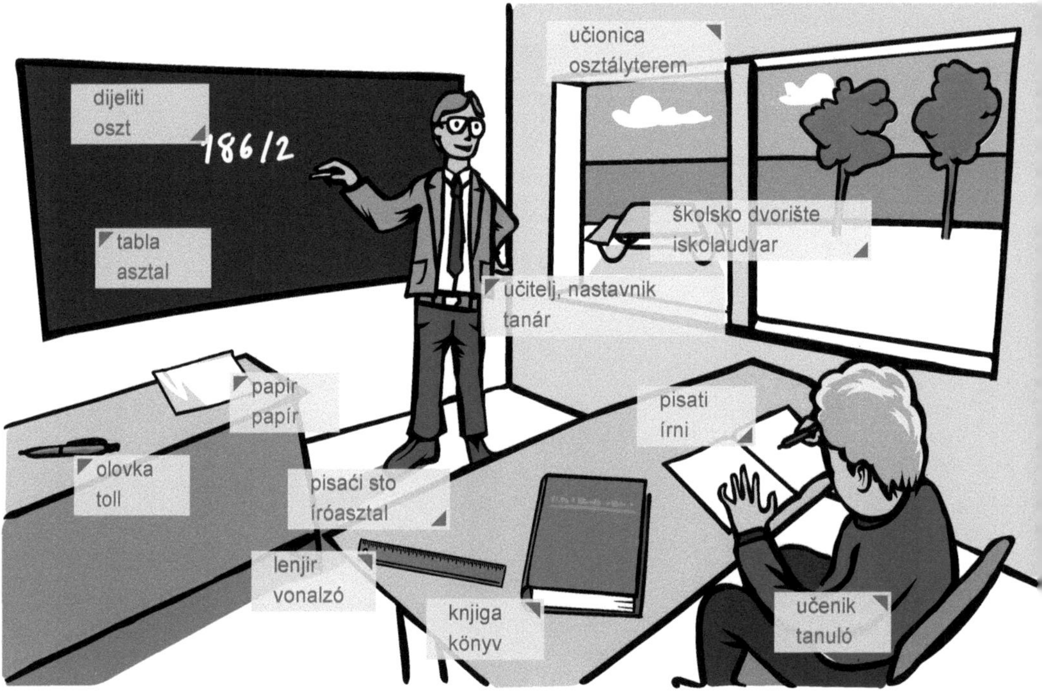

učionica
osztályterem
dijeliti
oszt
186/2
tabla
asztal
školsko dvorište
iskolaudvar
učitelj, nastavnik
tanár
papir
papír
pisati
írni
olovka
toll
pisaći sto
íróasztal
lenjir
vonalzó
knjiga
könyv
učenik
tanuló

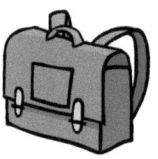

torba

iskolatáska

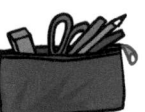

pernica

tolltartó

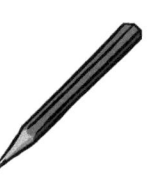

drvena olovka

ceruza

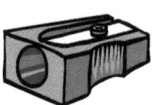

šiljalo za olovke

ceruzahegyező

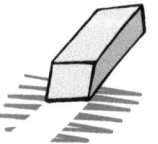

gumica

radír

blok za crtanje

rajzfüzet

crtež

rajz

kist

ecset

kutija s bojama

festőkészlet

makaze

olló

ljepilo

ragasztó

vježbanka

munkafüzet

domaća zadaća

házi feladat

12

broj

szám

2+2

sabirati

összead

5-2

oduzimati

kivon

2×2

množiti

szoroz

računati

számol

A

slovo

betű

**ABCDEFG
HIJKLMN
OPQRSTU
VWXYZ**

abeceda

ABC

riječ

szó

tekst

szöveg

čitati

olvasni

kreda

kréta

sat

tanóra

školski dnevnik

napló

ispit

vizsga

svjedočanstvo

bizonyítvány

školska uniforma

iskolai egyenruha

izobrazba

oktatás

leksikon

enciklopédia

univerzitet

egyetem

mikroskop

mikroszkóp

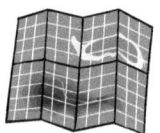

karta

térkép

korpa za papir

papír-hulladék gyűjtő

putovanje
utazás

hotel
hotel
Grand
hostel
szállás
ROOMS
mjenjačnica
valutaváltó iroda
kofer
bőrönd
auto
autó

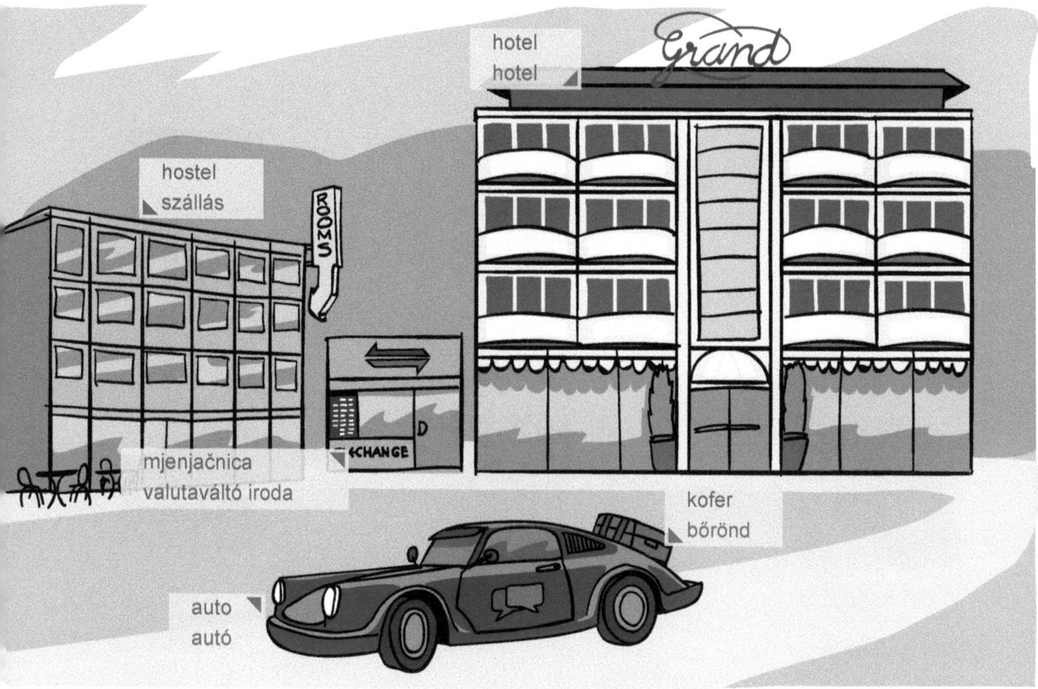

jezik

nyelv

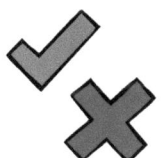

da / ne

igen/nem

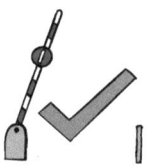

okej

rendben

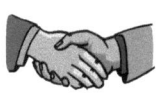

zdravo

szia

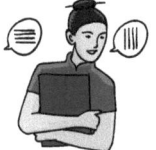

tumač

fordító

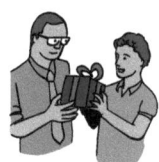

hvala

köszönöm

Koliko košta...?

mennyibe kerül...?

Ne razumijem

nem értem

problem

probléma

dobro veče!

Jó estét!

Dobro jutro!

jó reggelt!

Laku noć!

jó éjszakát!

doviđenja

viszontlátásra

smjer

útirány

prtljag

poggyász

torba

táska

ruksak

hátizsák

gost

vendég

soba

szoba

vreća za spavanje

hálózsák

šator

sátor

putovanje - utazás

turističke informacije

turista információ

plaža

strand

kreditna kartica

hitelkártya

doručak

reggeli

ručak

ebéd

večera

vacsora

putna karta

jegy

lift

lift

poštanska markica

bélyeg

granica

határ

carina

vám

ambasada

nagykövetség

viza

vízum

pasoš

útlevél

transport
közlekedés

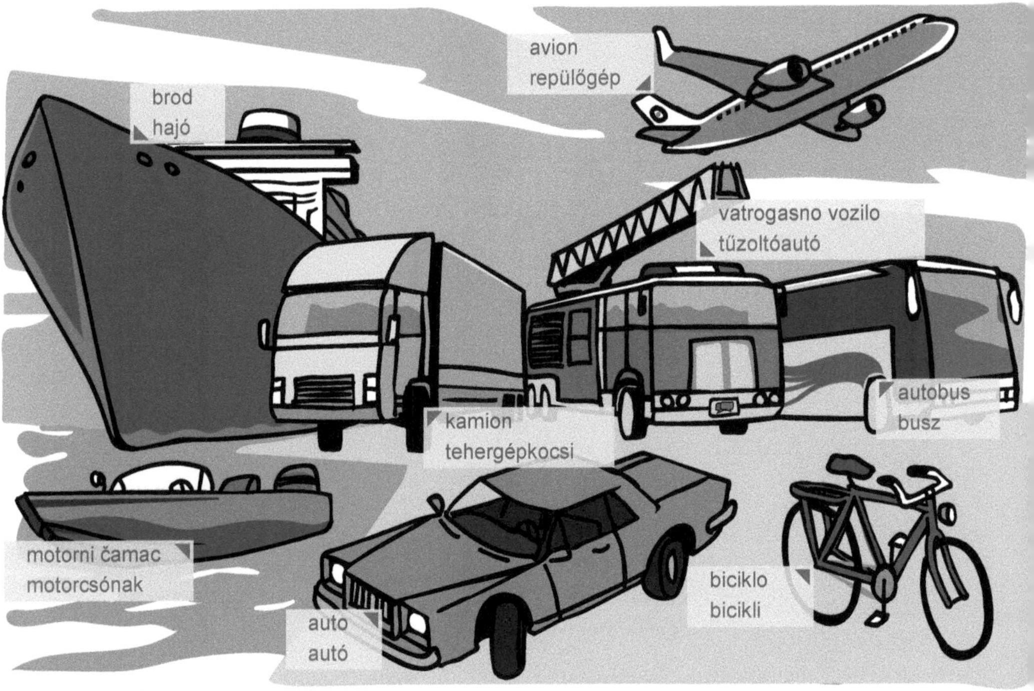

avion
repülőgép
brod
hajó
vatrogasno vozilo
tűzoltóautó
autobus
busz
kamion
tehergépkocsi
motorni čamac
motorcsónak
biciklo
bicikli
auto
autó

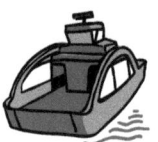

trajekt

komp

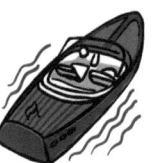

brod

csónak

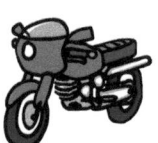

motocikl

motorkerékpár

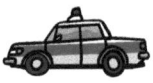

policijski automobil

rendőrautó

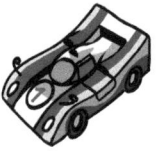

trkaći automobil

versenyautó

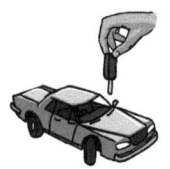

unajmljeni automobil

bérautó

kar-šering
telekocsi

pauk
vontató

smećarsko vozilo
szemetes autó

motor
motor

gorivo
üzemanyag

benzinska pumpa
benzinkút

saobraćajni znak
közlekedési tábla

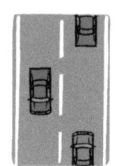

saobraćaj
forgalom

zastoj
forgalmi dugó

parking
parkoló

željeznička stanica
vonatállomás

šine
sínek

voz
vonat

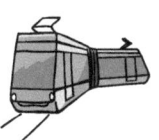

tramvaj
villamos

vagon
vagon

helikopter

helikopter

aerodrom

repülőtér

toranj

torony

putnik

utas

kontejner

konténer

karton

kartondoboz

tačke

taliga

korpa

kosár

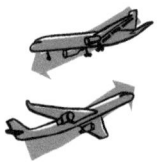

poletjeti / sletjeti

felszáll / leszáll

grad

város

selo

falu

centar grada

városközpont

kuća

ház

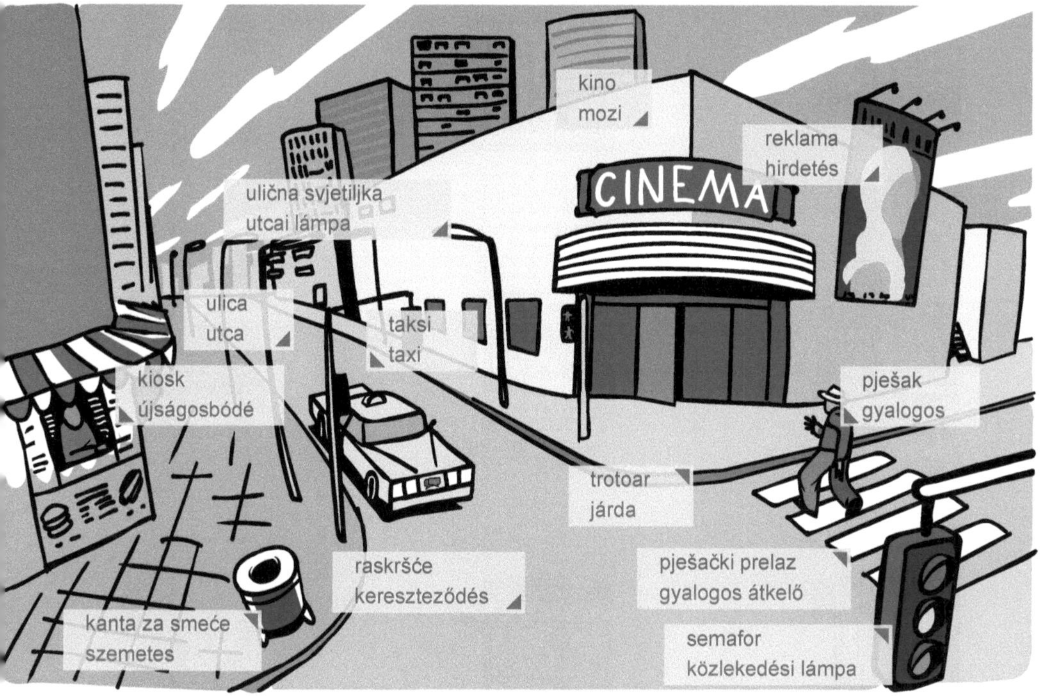

kino
mozi

reklama
hirdetés

ulična svjetiljka
utcai lámpa

CINEMA

ulica
utca

taksi
taxi

pješak
gyalogos

kiosk
újságosbódé

trotoar
járda

raskršće
kereszteződés

pješački prelaz
gyalogos átkelő

kanta za smeće
szemetes

semafor
közlekedési lámpa

koliba
kunyhó

stan
lakás

željeznička stanica
vonatállomás

vjećnica
városháza

muzej
múzeum

škola
iskola

univerzitet

egyetem

banka

bank

bolnica

kórház

hotel

hotel

apoteka

gyógyszertár

ured

iroda

knjižara

könyvesbolt

radnja

üzlet

cvjećara

virágüzlet

supermarket

szupermarket

pijaca

piac

robna kuća

áruház

prodavač ribe

halárus

trgovački centar

bevásárló központ

luka

kikötő

park	klupa	most
park	pad	híd

stepenice	podzemna željeznica	tunel
lépcső	metró	alagút

autobuska stanica	bar	restoran
buszmegálló	bár	étterem

poštanski sandučić	saobraćajni znak	sat za naplatu parkinga
postaláda	utcatábla	parkoló óra

zoološki vrt	bazen	džamija
állatkert	uszoda	mecset

seosko imanje	zagađenje okoline	groblje
gazdálkodás	környezetszennyezés	temető

crkva	igralište	hram
templom	játszótér	szentély

krajolik
táj

list
levél

putokaz
útjelző tábla

putokaz
út

livada
rét

kamen
kő

drvo
fa

putnik
túrázó

rijeka
folyó

trava
fű

cvijet
virág

dolina

völgy

brdo

domb

jezero

tó

šuma

erdő

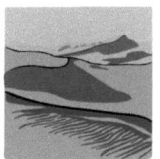

pustinja

sivatag

vulkan

vulkán

dvorac

kastély

duga

szivárvány

gljiva

gomba

palma

pálmafa

komarac

szúnyog

muha

légy

mrav

hangya

pčela

méhecske

pauk

pók

buba
bogár

žaba
béka

vjeverica
mókus

jež
sündisznó

zec
nyúl

sova
bagoly

ptica
madár

labud
hattyú

divlja svinja
vaddisznó

jelen
szarvas

los
rénszarvas

brana
gát

vjetrenjača
szélturbina

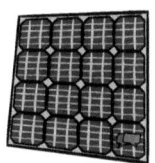

solarni modul
napelem

klima
éghajlat

restoran
étterem

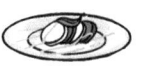

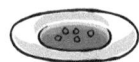

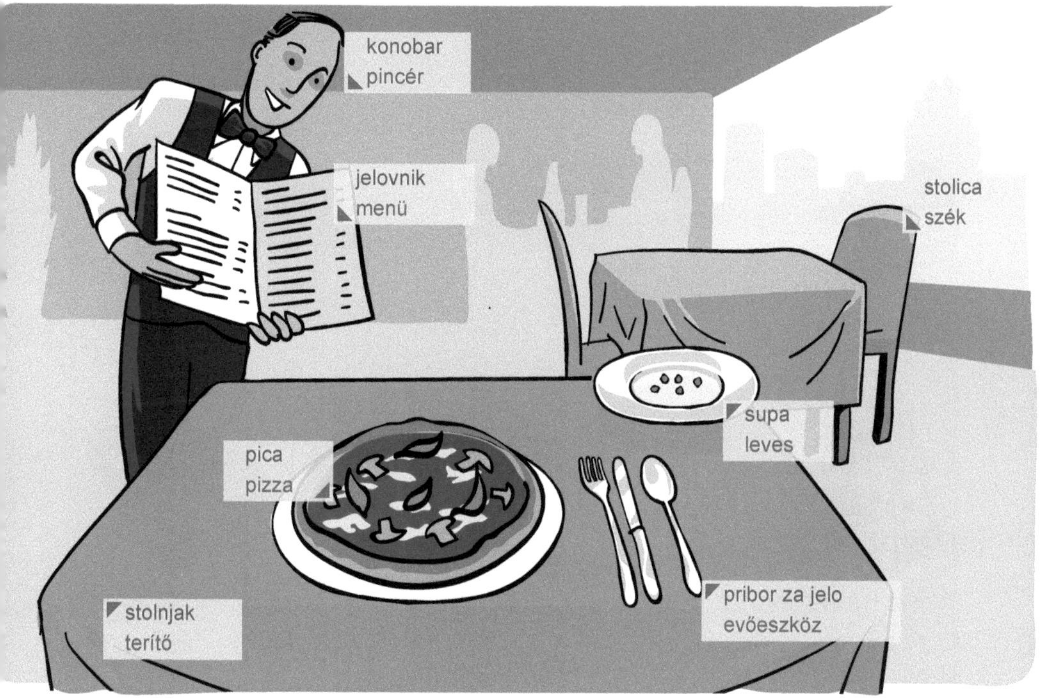
konobar
pincér
jelovnik
menü
stolica
szék
supa
leves
pica
pizza
stolnjak
terítő
pribor za jelo
evőeszköz

predjelo

előétel

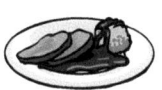

glavno jelo

főétel

desert

desszert

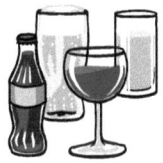

piće

italok

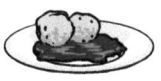

jelo

étel

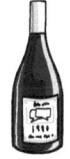

flaša

üveg

brza hrana

gyorsétel

jelo sa ulice

gyorsétel

čajnik

teás kanna

šećernica

cukortartó

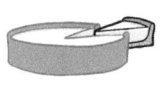

porcija

adag

mašina za espreso

eszpresszógép

barska stolica

bárszék

račun

számla

tacna

tálca

nož

kés

viljuška

villa

kašika

kanál

kašičica

teáskanál

salveta

szalvéta

čaša

pohár

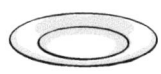

tanjir

tányér

tanjir za supu

leveses tányér

tanjurić

csészealj

sos

szósz

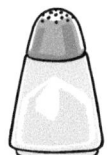

solanik

sószóró

mlin za biber

borsőrlő

sirće

ecet

ulje

étkezési olaj

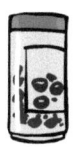

začini

fűszerek

kečap

ketchup

senf

mustár

majoneza

majonéz

supermarket
szupermarket

ponuda
különleges ajánlat
FOR
klijent
ügyfél
mliječni proizvodi
tejtermék
voće
gyümölcsök
kolica za kupovinu
bevásárló kocsi

BUTCHERS

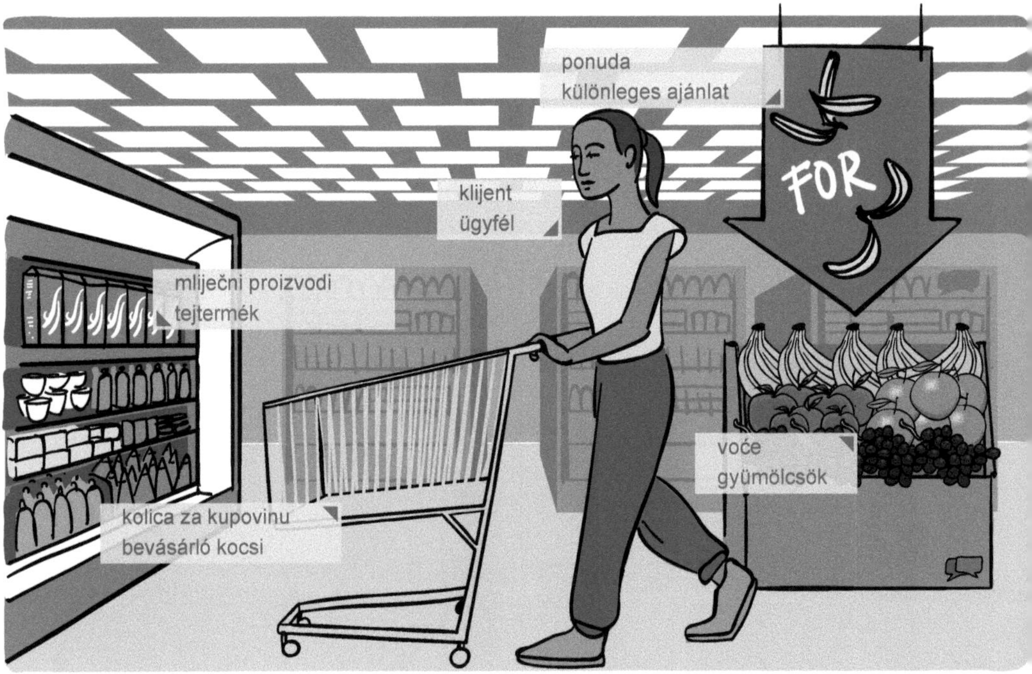

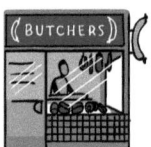

mesnica- klaonica

hentes

BAKERY

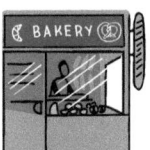

pekara

pékség

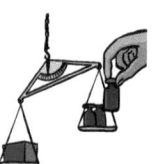

vagati

nyom valamennyit

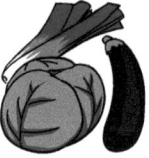

povrće

zöldség

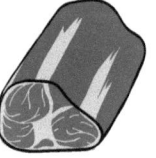

meso

hús

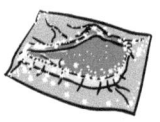

zaleđena hrana

fagyasztott áru

narezak

felvágott

konzerve

konzerv

prašak za veš

mosópor

slatkiši

édességek

kućanski proizvodi

háztartási termék

sredstvo za čišćenje

tisztítószerek

prodavačica

eladó

kasa

pénztárgép

blagajnik

eladó

lista za kupovinu

bevásárló lista

radno vrijeme

nyitva tartás

novčanik

levéltárca

kreditna kartica

hitelkártya

torba

zacskó

najlonska vrećica

műanyag zacskó

voda
víz

sok
gyümölcslé

mlijeko
tej

kola
kóla

vino
bor

pivo
sör

alkohol
alkohol

kakao
kakaó

čaj
tea

kafa
kávé

espreso
eszpresszó

kapućino
kapucsínó

banana

banán

jabuka

alma

narandža

narancs

lubenica

sárgadinnye

limun

citrom

mrkva

sárgarépa

bijeli luk

fokhagyma

bambus

bambusz

crveni luk

hagyma

gljiva

gomba

orašasti plodovi

magvak

pasta

nokedli

špagete

spagetti

riža

rizs

salata

saláta

pomfrit

sült krumpli

pečeni krompir

sült burgonya

pica

pizza

hamburger

hamburger

sendvič

szendvics

šnicla

hússzelet

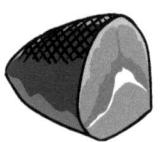

šunka

sonka

kobasica

szalámi

kobasica

kolbász

kokoš

csirke

pečenje

pecsenye

riba

hal

zobene pahuljice

zabkása

muzli

müzli

kornfleks

kukoricapehely

brašno

liszt

kroason

croissant

zemičke

zsemle

kruh

kenyér

tost

pirítós kenyér

keksi

keksz

maslac

vaj

svježi sir

túró

kolač

sütemény

jaje

tojás

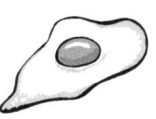

jaje na oko

tükörtojás

sir

sajt

sladoled

jégkrém

šećer

cukor

med

méz

marmelada

lekvár

nugat krema

mogyorókrém

kuri

curry

seosko imanje
gazdálkodás

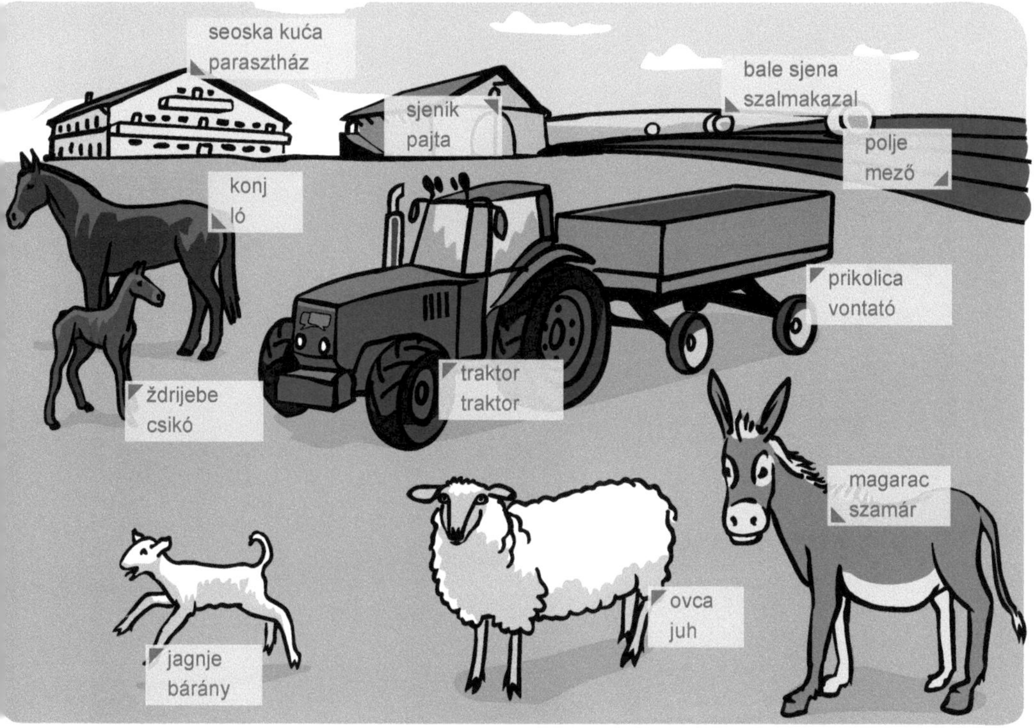
seoska kuća
parasztház
sjenik
pajta
bale sjena
szalmakazal
polje
mező
konj
ló
prikolica
vontató
traktor
traktor
ždrijebe
csikó
magarac
szamár
ovca
juh
jagnje
bárány

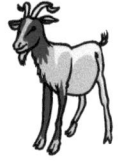

koza
....
kecske

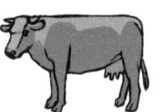

krava
....
tehén

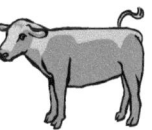

tele
....
borjú

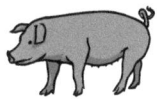

svinja
....
malac

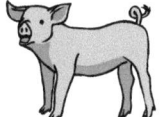

prase
....
kismalac

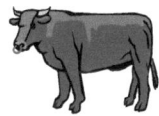

bik
....
bika

guska
liba

patka
kacsa

pile
csibe

kokoška
tojó

pjetao
kakas

pacov
patkány

mačka
macska

miš
egér

vol
ökör

pas
kutya

pseća kućica
kutyaház

crijevo za baštu
kerti öntözőcső

kanta za zalijevanje
öntözőkanna

kosa
kasza

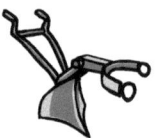

plug
eke

srp
sarló

motika
kapa

vile
vasvilla

sjekira
fejsze

tačke
talicska

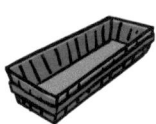

korito
teknő

bokal za mlijeko
tejes kancsó

vreća
zsák

ograda
kerítés

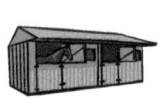

štala
istálló

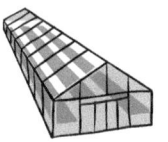

staklenik
üvegház

tlo
talaj

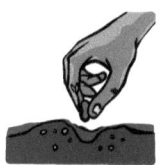

sjeme
vetőmag

đubrivo
trágya

kombajn
cséplőgép

kositi

szüretelni

žetva

betakarítás

jam korijen

yamgyökér

pšenica

búza

soja

szója

krompir

burgonya

kukuruz

kukorica

uljana repica

repcemag

drvo voća

gyümölcsfa

manioka

manióka

žito

gabona

kuća
ház

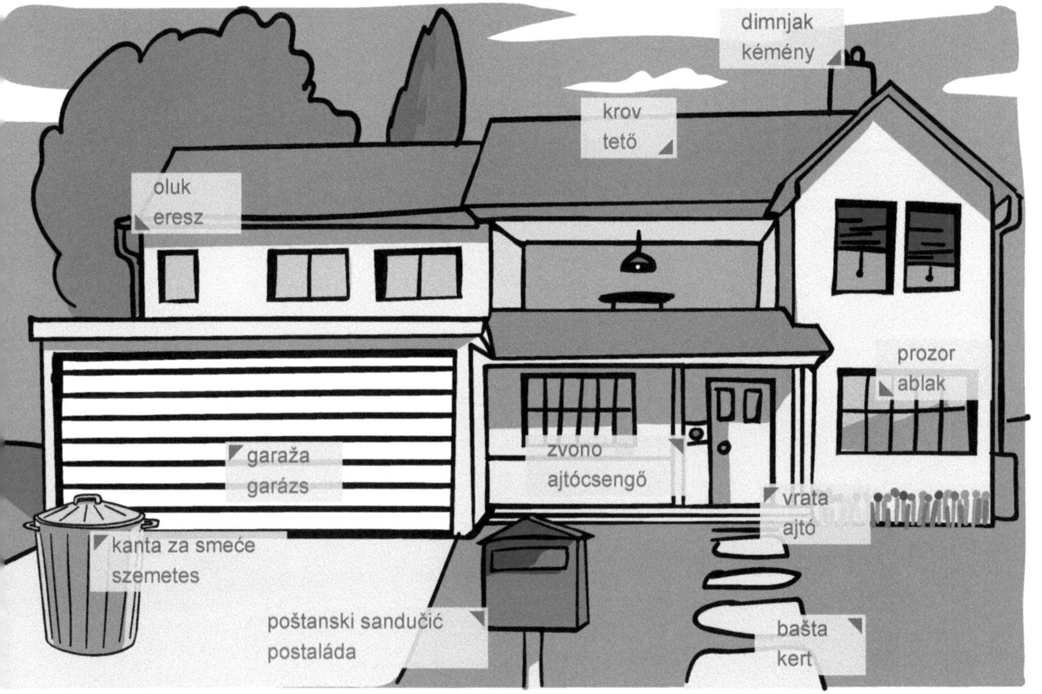

dimnjak
kémény
krov
tető
oluk
eresz
prozor
ablak
garaža
garázs
zvono
ajtócsengő
vrata
ajtó
kanta za smeće
szemetes
poštanski sandučić
postaláda
bašta
kert

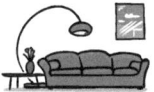

dnevni boravak
nappali

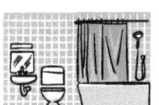

kupatilo
fürdőszoba

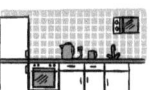

kuhinja
konyha

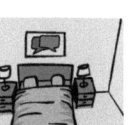

spavaća soba
hálószoba

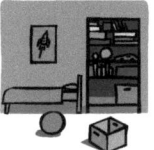

dječija soba
gyerekszoba

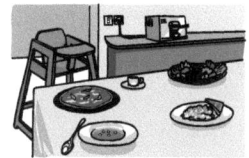

trpezarija
ebédlő

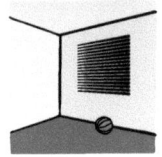

pod, tlo

padló

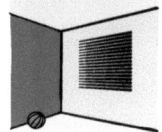

zid

fal

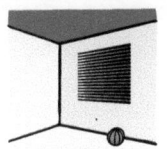

plafon

plafon

podrum

pince

sauna

szauna

balkon

erkély

terasa

terasz

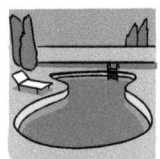

bazen

medence

kosilica

fűnyíró

posteljina

lepedő

pokrivač

ágytakaró

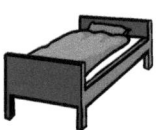

krevet

ágy

metla

seprű

kanta

vödör

prekidač

kapcsoló

dnevni boravak

nappali

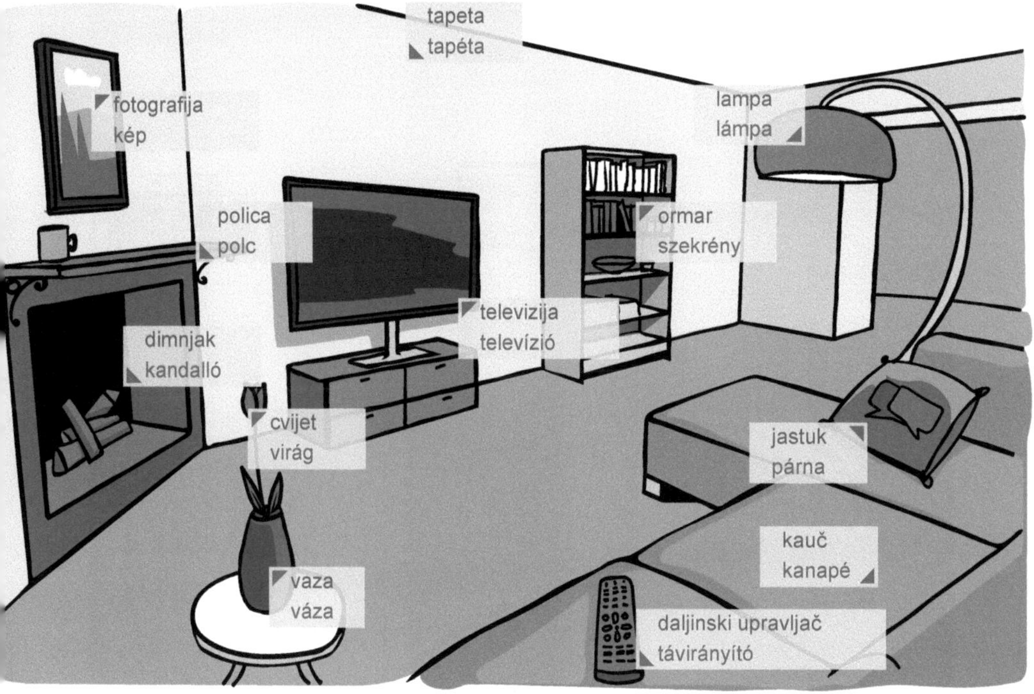
tapeta
tapéta
fotografija
kép
lampa
lámpa
polica
polc
ormar
szekrény
televizija
televízió
dimnjak
kandalló
cvijet
virág
jastuk
párna
kauč
kanapé
vaza
váza
daljinski upravljač
távirányító

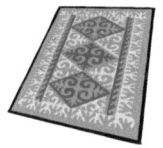

tepih
szőnyeg

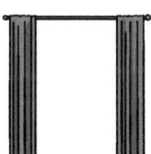

zavjesa
függöny

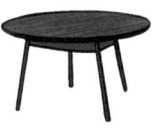

stol
asztal

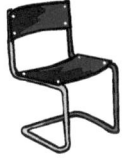

stolica
szék

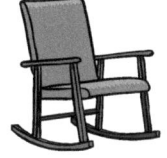

stolica za ljuljanje
hintaszék

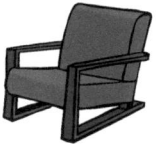

fotelja
karosszék

knjiga

könyv

deka

takaró

dekoracija

dekoráció

ložno drvo

tűzifa

film

film

stereo uređaj

hifi

ključ

kulcs

novine

újság

umjetnička slika

festmény

poster

poszter

radio

rádió

blok za bilješke

jegyzetfüzet

usisavač

porszívó

kaktus

kaktusz

svijeća

gyertya

kuhinja
konyha

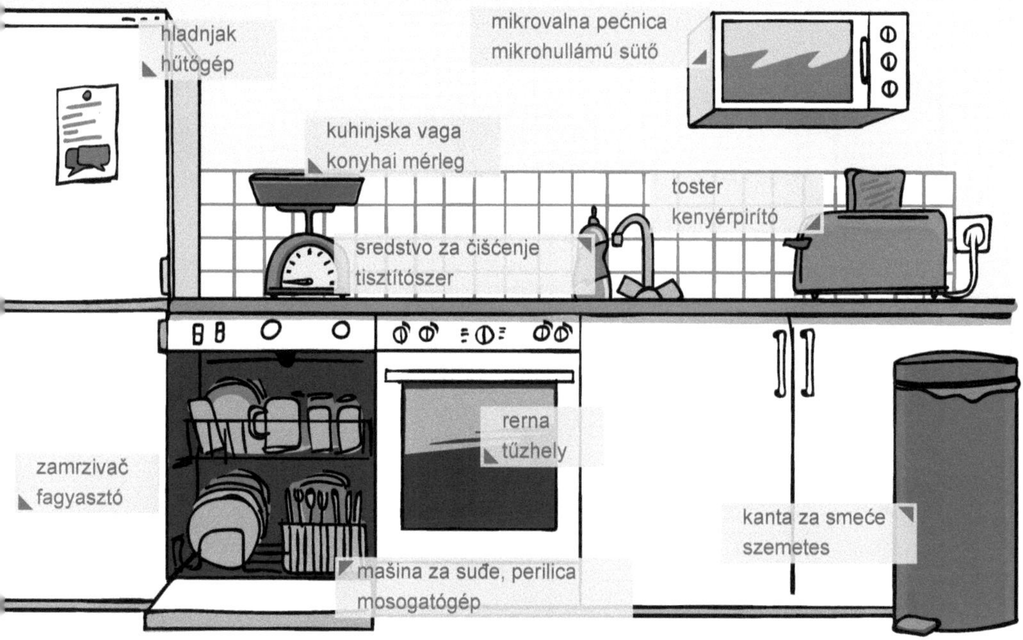
hladnjak
hűtőgép
mikrovalna pećnica
mikrohullámú sütő
kuhinjska vaga
konyhai mérleg
toster
kenyérpirító
sredstvo za čišćenje
tisztítószer
rerna
tűzhely
zamrzivač
fagyasztó
kanta za smeće
szemetes
mašina za suđe, perilica
mosogatógép

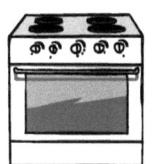

peć
....
tűzhely

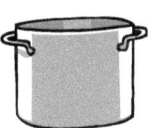

lonac
....
edény

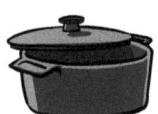

metalni lonac
....
vasfazék

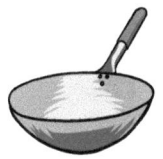

vok / kadai
....
wok / kadai

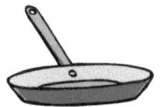

tava, tiganj
....
serpenyő

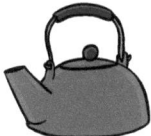

kuhalo
....
vízforraló

aparat za kuhanje na pari

pároló

lim za pečenje

tepsi

posuđe

étkészlet

šalica

bögre

činija

tálka

kineski štapići

evőpálcika

kutlača

merőkanál

lopatica

keverőlapátka

metlica za snijeg bjelanjca

habverő

sito za kuhanje

szűrő

sito

szita

ribež

reszelő

avan s tučkom

mozsár

roštilj

grillsütő

ložište

kandalló

daska

vágódeszka

oklagija

sodrófa

vadičep

dugóhúzó

konzerva

doboz

otvarač za konzerve

konzervnyitó

krpe za lonac

edényfogó

sudoper

mosogató

četka

kefe

spužva

szivacs

mikser

turmixgép

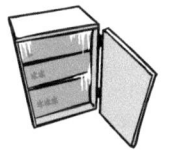

zamrzivač

mélyhűtő

flašica za bebu

cumisüveg

slavina

csap

kupatilo
fürdőszoba

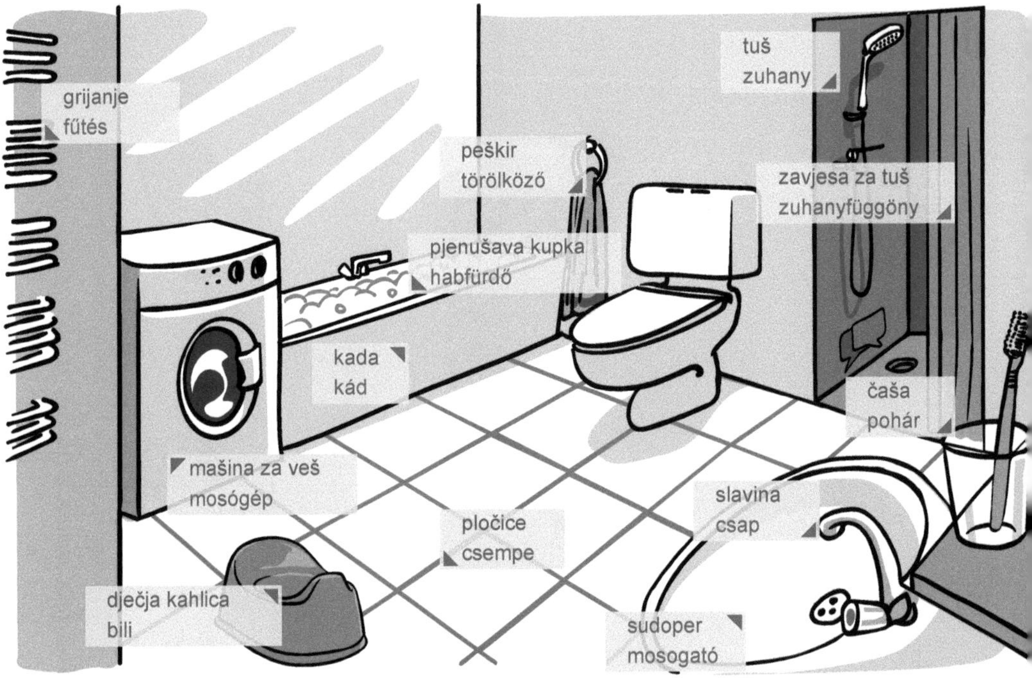

grijanje
fűtés
peškir
törölköző
tuš
zuhany
zavjesa za tuš
zuhanyfüggöny
pjenušava kupka
habfürdő
kada
kád
čaša
pohár
mašina za veš
mosógép
slavina
csap
pločice
csempe
dječja kahlica
bili
sudoper
mosogató

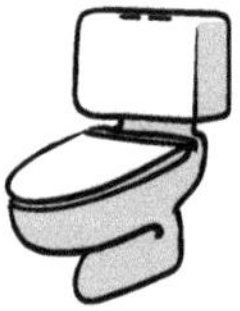

toalet

toalett

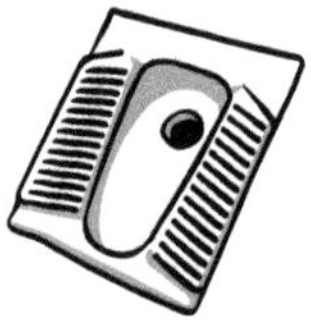

čučavac

guggolós toalett

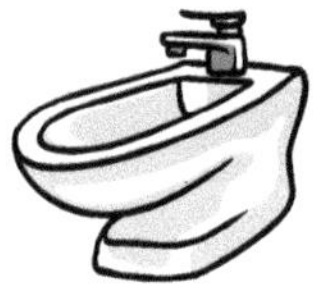

bide

bidé

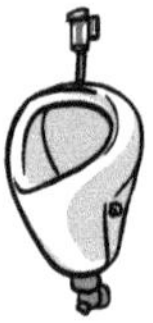

pisoar

piszoár

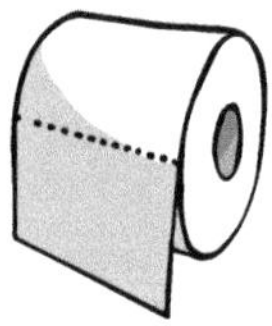

toalet papir

toalett papír

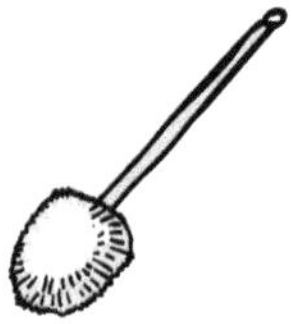

četka za wc

wc kefe

četkica za zube

fogkefe

pasta za zube

fogkrém

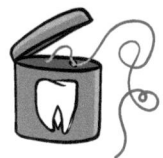

zubni konac

fogselyem

prati

mosni

tuš

kézi zuhany

intimni tuš

intimzuhany

lavor

mosdótál

četka za leđa

hátmosó kefe

sapun

szappan

gel za tuširanje

tusfürdő

šampon

sampon

krpe za pranje

mosdókesztyű

odvod

lefolyó

krema

krém

dezodorans

dezodor

ogledalo

tükör

ogledalo za šminkanje

kézitükör

brijač

borotva

pjena za brijanje

borotvahab

vodica poslije brijanja

borotválkozás utáni
arcszesz

češalj

fésű

četka

hajkefe

fen

hajszárító

sprej za kosu

hajlakk

puder

smink

karmin

ajakrúzs

lak za nokte

körömlakk

vata

vatta

makazice za nokte

körömvágó olló

parfem

parfüm

kozmetička torbica

neszesszer

hoklica

sámli

vaga

mérleg

kupaći ogrtač

köntös

rukavice za čišćenje

gumikesztyű

tampon

tampon

uložak za dame

egészségügyi betét

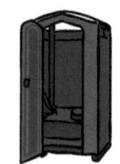

hemijski toalet

vegyi WC

dječija soba
gyerekszoba

budilnik
ébresztő óra
plišana igračka
plüssállat
auto za igru
játékautó
zvečka
csörgő
kućica za lutke
babaház
poklon
ajándék

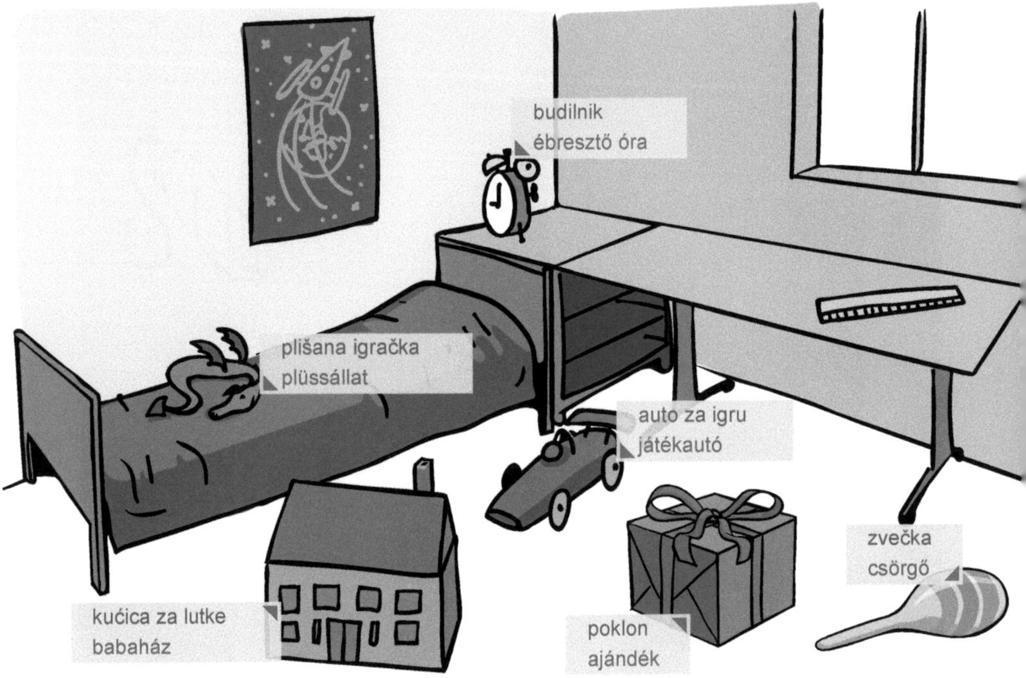

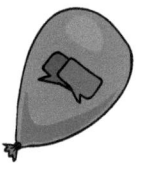

balon
lufi

krevet
ágy

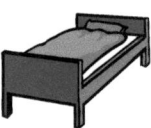

kolica za djecu
babakocsi

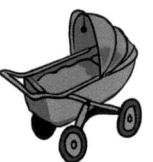

karte za igranje
kártyapakli

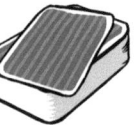

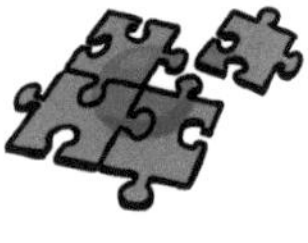

puzle
kirakós játék

strip
képregény

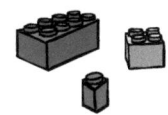

lego kockice

építőkockák

kockice za gradnju

építőelem

akcione figure

szuperhős

benkica

rugdalózó

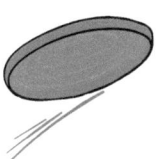

frizbi

frizbi

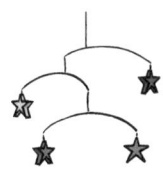

mobile

zenélő forgó

igra na ploči

társasjáték

kocka

kocka

miniatura željeznice

modellvasút

cucla

cumi

zabava

zsúr

slikovnica

képeskönyv

lopta

labda

lutka

baba

igrati

játszani

pješćanik

homokozó

ljuljačka

hinta

igračke

játékok

konzola za igru

videójáték konzol

triciklo

tricikli

medvjedić

teddi maci

ormar

ruhásszekrény

odjeća

ruházat

kratke čarape

zokni

čarape

harisnya

hulahopke

harisnyanadrág

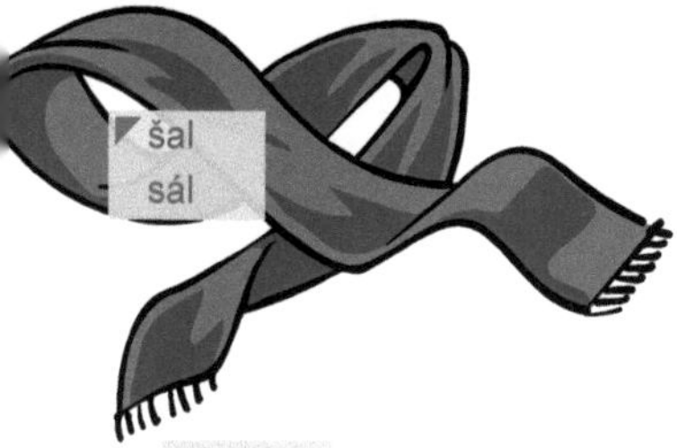

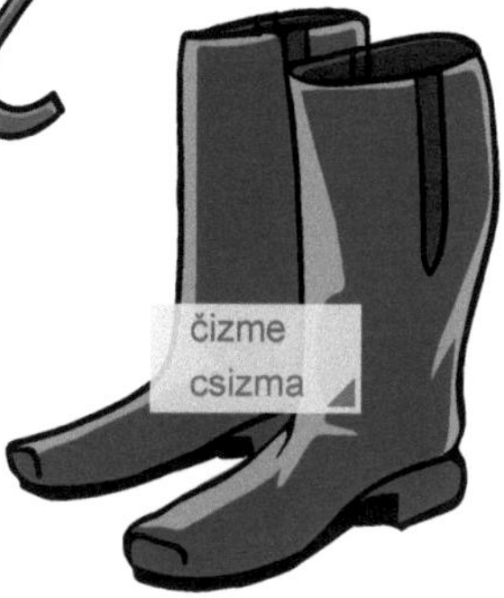

šal
sál

kaiš
öv

kišobran
esernyő

majica kratkih rukava
póló

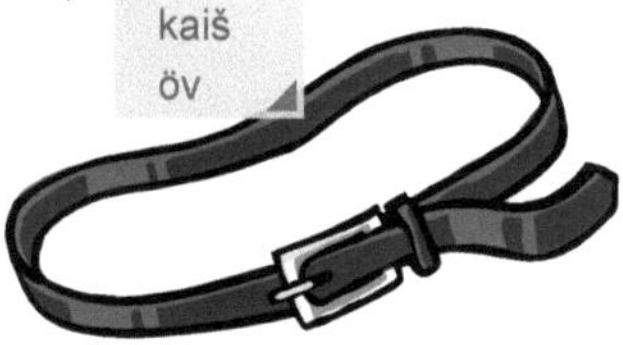

patike
tornacipő

čizme
csizma

papuče
papucs

sandale
....
szandál

cipele
....
cipő

gumene čizme
....
gumicsizma

gaće
....
alsónadrág

grudnjak
....
melltartó

potkošulja
....
mellény

bodi
body

hlače
nadrág

farmerke
farmer

suknja
szoknya

bluza
blúz

košulja
ing

džemper
pulóver

majica
kapucnis pulóver

sako
blézer

jakna
dzseki

mantil
kabát

kišni mantil
esőkabát

kostim
kosztüm

haljina
ruha

vjenčanica
esküvői ruha

odijelo

öltöny

spavaćica

hálóing

pidžama

pizsama

sari

szári

marama

fejkendő

turban

turbán

burka

burka

kaftan

kaftán

abaja

abaya

kupaći kostim

fürdőruha

kupaće gaće

fürdőnadrág

kratke hlače

rövidnadrág

trenerka

tréningruha

pregača

kötény

rukavice

kesztyű

dugme

gomb

naočare

szemüveg

narukvica

karkötő

ogrlica

nyaklánc

prsten

gyűrű

naušnica

fülbevaló

kapa

sapka

vješalica

vállfa

šešir

kalap

kravata

nyakkendő

patentni zatvarač

cipzár

kaciga

bukósisak

tregeri za hlače

nadrágtartó

školska uniforma

iskolai egyenruha

uniforma

egyenruha

odjeća - ruházat

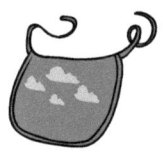

podbradak

előke

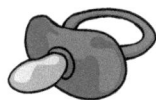

cucla

cumi

pelene

pelenka

ured

iroda

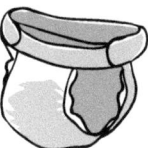

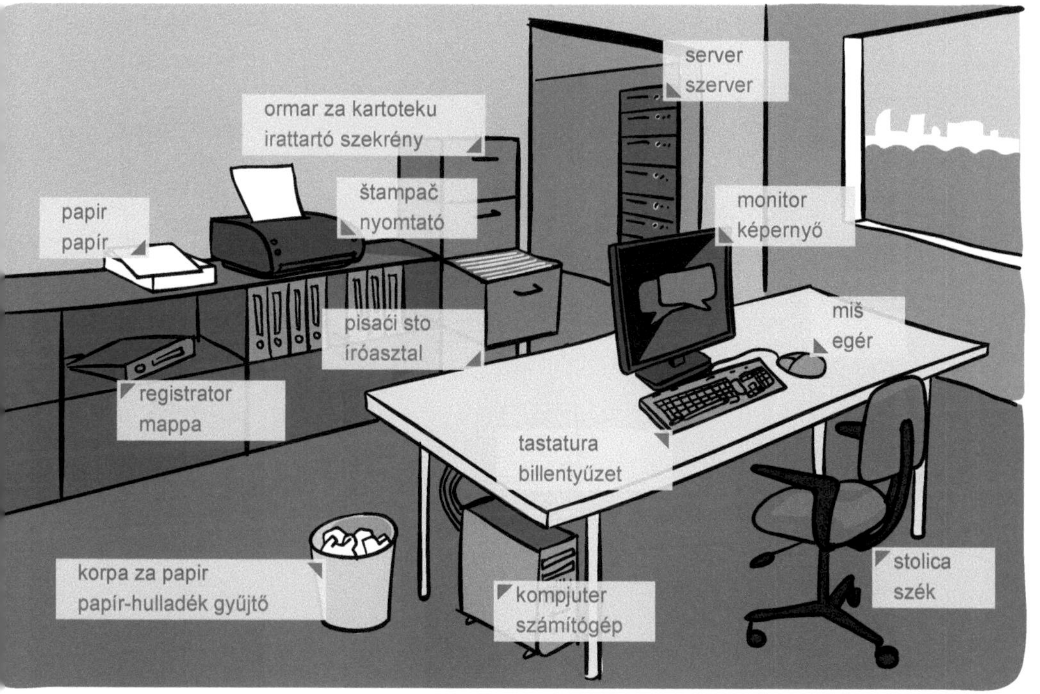
server
szerver
ormar za kartoteku
irattartó szekrény
štampač
nyomtató
papir
papír
monitor
képernyő
pisaći sto
íróasztal
miš
egér
registrator
mappa
tastatura
billentyűzet
korpa za papir
papír-hulladék gyűjtő
kompjuter
számítógép
stolica
szék

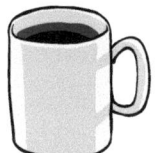

šolja za kafu

kávéscsésze

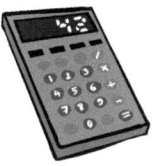

kalkulator

számológép

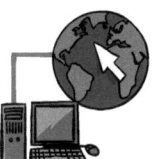

internet

internet

laptop

laptop

pismo

levél

poruka

üzenet

mobilni telefon

mobiltelefon

mreža

hálózat

aparat za kopiranje

fénymásoló

softver

szoftver

telefon

telefon

utičnica

konnektor

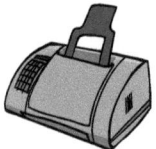

faks

faxgép

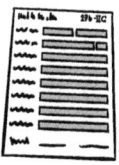

formular

formanyomtatvány

dokument

dokumentum

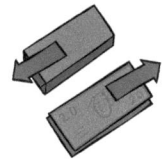

kupovati
venni

platiti
fizetni

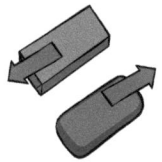

trgovati
kereskedni

novac
pénz

USD

dolar
dollár

EUR

euro
euró

JPY

jen
jen

RUB

rublja
rubel

CHF

franak
svájci frank

CNY

renminbi jen
kínai jüan

INR

rupi
rúpia

bankomat
bankautomata

mjenjačnica

valutaváltó iroda

zlato

arany

srebro

ezüst

nafta

olaj

energija

energia

cijena

ár

ugovor

szerződés

porez

adó

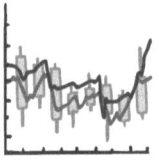

akcija

részvény

raditi

dolgozni

službenik

munkavállaló

poslodavac

munkaadó

fabrika

gyár

radnja

üzlet

ekonomija - gazdaság

zanimanja
foglalkozások

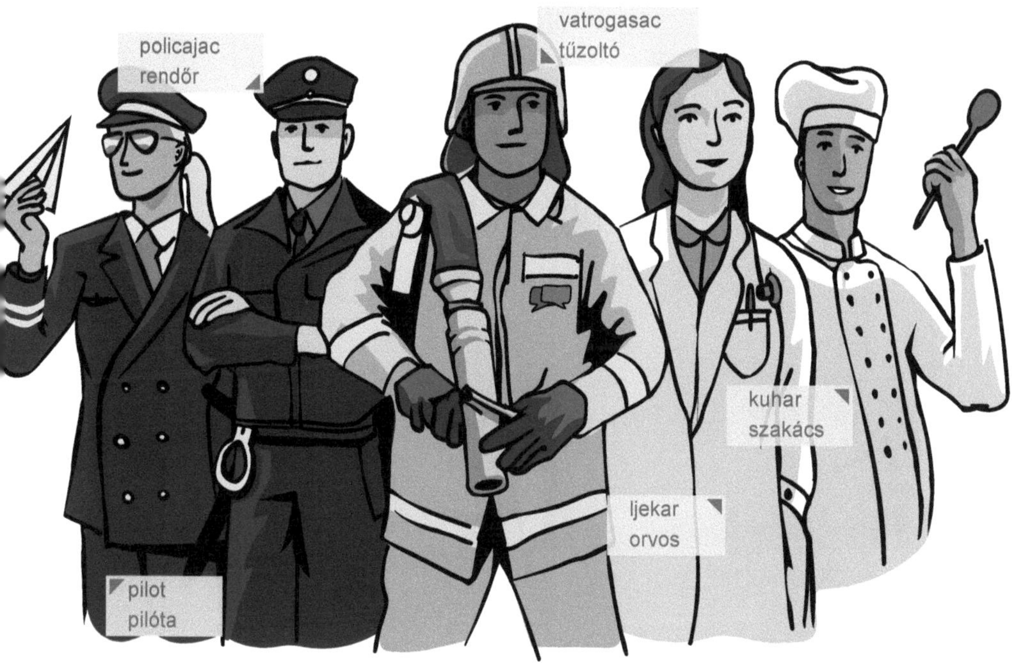
policajac
rendőr
vatrogasac
tűzoltó
kuhar
szakács
ljekar
orvos
pilot
pilóta

baštovan

kertész

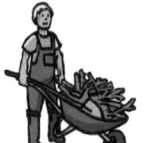

stolar

kárpitos

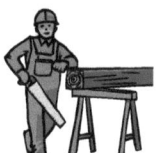

krojačica

varrónő

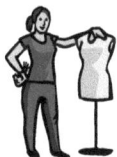

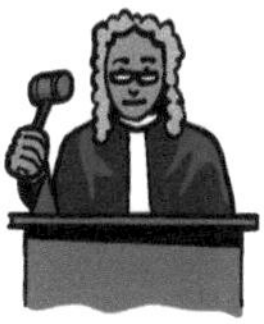

sudija

bíró

hemičar

vegyész

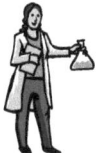

glumac

színész

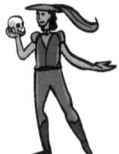

vozač autobusa

buszsofőr

vozač taksija

taxisofőr

ribar

halász

čistačica

bejárónő

krovopokrivač

tetőfedő

konobar

pincér

lovac

vadász

moler

festő

pekar

pék

električar

villanyszerelő

građevinski radnik

építőmunkás

inženjer

mérnök

koljač

hentes

limar, vodoinstalater

vízvezeték-szerelő

poštar

postás

vojnik

katona

arhitekta

építész

blagajnik

eladó

cvjećar

virágos

frizer

fodrász

kontrolor

kalauz

mehaničar

műszerész

kapiten

kapitány

zubar

fogorvos

naučnik

tudós

rabin

rabbi

imam

imám

monah

szerzetes

sveštenik

lelkész

alat
szerszámok

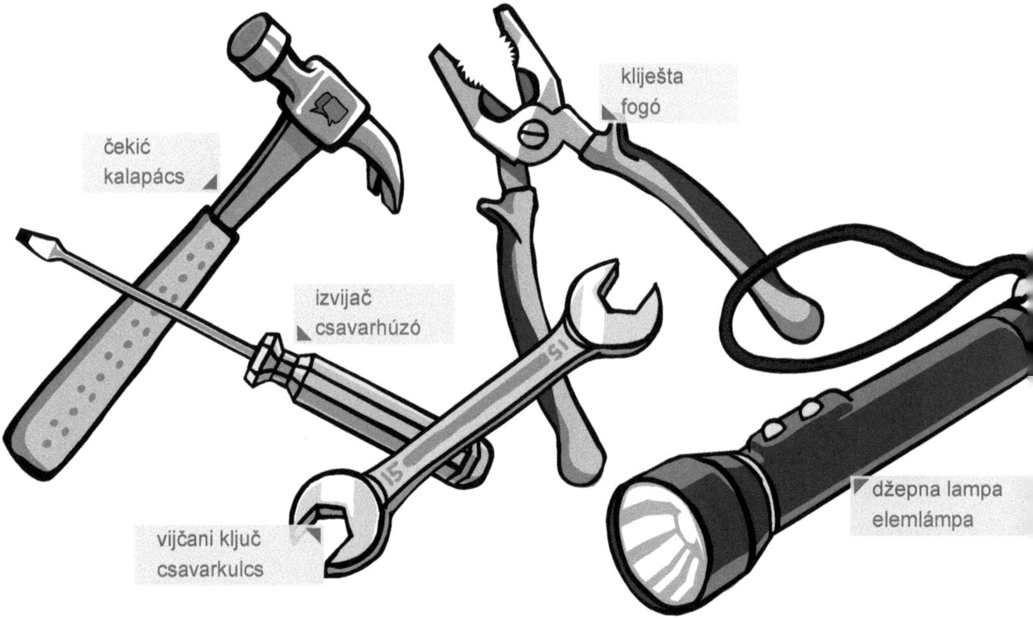

čekić
kalapács
kliješta
fogó
izvijač
csavarhúzó
vijčani ključ
csavarkulcs
džepna lampa
elemlámpa

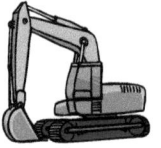

bager

markológép

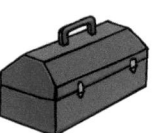

kutija sa alatom

szerszámosláda

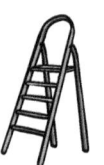

ljestve

vödör

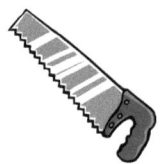

testera, pila

fűrész

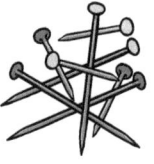

ekser

szög

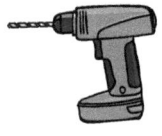

bušilica

fúrógép

popraviti

megjavítani

lopata

lapát

sranje!

A francba!

lopatica

szemétlapát

kanta boje

festékesdoboz

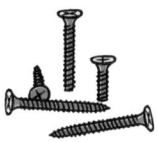

vijak

csavar

muzički instrumenti
hangszerek

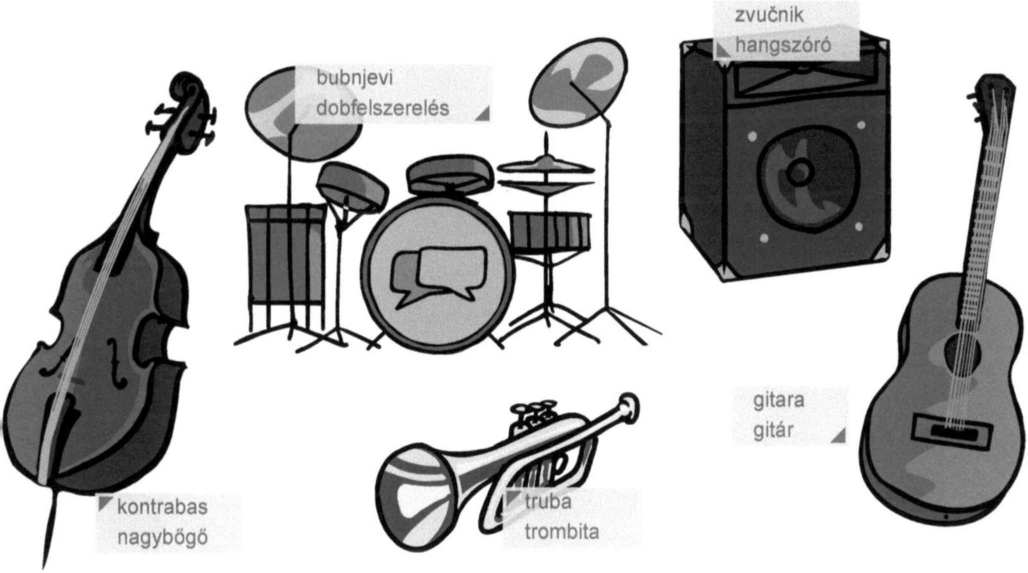

zvučnik
hangszóró

bubnjevi
dobfelszerelés

kontrabas
nagybőgő

truba
trombita

gitara
gitár

klavir

zongora

violina

hegedű

bas

basszusgitár

bubanj timpani

üstdob

bubanj

dobok

sintisajzer

digitális zongora

saksofon

szaxofon

flauta

fuvola

mikrofon

mikrofon

zološki vrt
állatkert

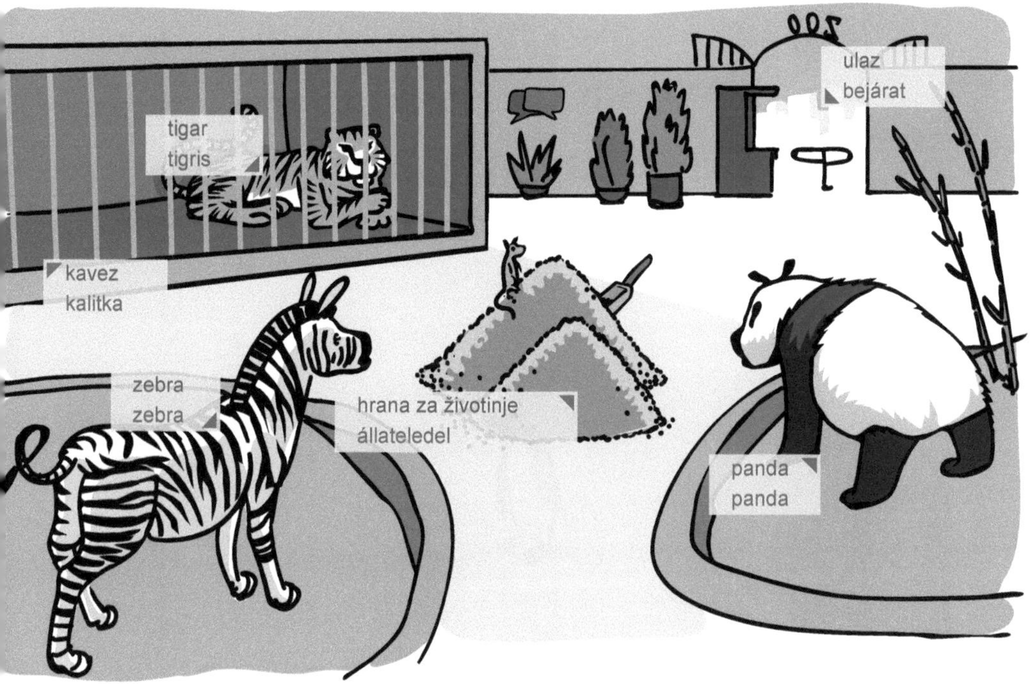
ulaz
bejárat
tigar
tigris
kavez
kalitka
zebra
zebra
hrana za životinje
állateledel
panda
panda

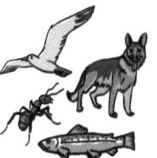

životinje

állatok

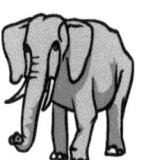

slon

elefánt

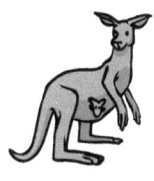

kengur

kenguru

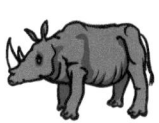

nosorog

orrszarvú

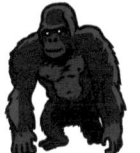

gorila

gorilla

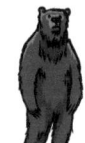

medvjed

medve

kamila

teve

noj

strucc

lav

oroszlán

majmun

majom

flamingo

flamingó

papagaj

papagáj

polarni medvjed

jegesmedve

pingvin

pingvin

morski pas

cápa

paun

páva

zmija

kígyó

krokodil

krokodil

čuvar u zološkom vrtu

állatgondozó

tuljan

fóka

jaguar

jaguár

poni

póniló

leopard

leopárd

nilski konj

víziló

žirafa

zsiráf

orao

sas

divlja svinja

vaddisznó

riba

hal

kornjača

teknős

morž

rozmár

lisica

róka

gazela

gazella

američki fudbal
amerikai futball

vožnja bicikla
kerékpározás

tenis
tenisz

košarka
kosárlabda

plivanje
úszás

boks
boksz

hokej na ledu
jégkorong

fudbal
futball

bedminton
tollas

laka atletika
atlétika

rukomet
kézilabda

skijanje
síelés

polo
lovaspóló

skakati
ugrani

zagrliti
ölelni

smijati se
nevetni

ići
sétálni

pjevati
énekelni

sanjati
álmodni

moliti
dicsérni

ljubiti
csókolni

pisati
írni

crtati
rajzolni

pokazati
mutatni

gurati
tolni

dati
adni

uzeti
vinni

imati

birtokolni

raditi

csinálni

biti

lenni

stajati

állni

trčati

futni

vući

húzni

baciti

hajít

pasti

esni

ležati

hazudni

čekati

várni

nositi

vinni

sjediti

ülni

obući

felvenni

spavati

aludni

probuditi

felébredni

aktivnosti - tevékenységek

pogledati

ránézni

plakati

sírni

milovati

simogat

češljati

fésülni

govoriti

beszélni

razumjeti

megérteni

pitati

kérdezni

slušati

hallgatni

piti

inni

jesti

enni

pospremiti

takarítani

voljeti

szeretni

kuhati

főzni

voziti

vezetni

letjeti

szállni

jedriti

vitorlázni

računati

számol

čitati

olvasni

učiti

tanulni

raditi

dolgozni

vjenčavti

házasodni

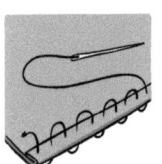

šiti

varrni

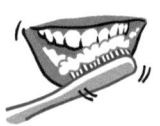

prati zube

fogat mosni

ubiti

ölni

pušiti

dohányozni

slati

küldeni

baka
nagymama

djed
nagypapa

otac
apa

majka
anya

beba
kisbaba

kćerka
lány

sin
fiú

gost

vendég

ujna, tetka, strina

nagynéni

ujak, tetak, stric

nagybácsi

brat

fiútestvér

sestra

lánytestvér

tijelo
test

čelo
homlok
oko
szem
leđa
váll
prst
ujj
lice
arc
brada
áll
ruka, šaka
kéz
noga
láb
grudi
mell
ruka
kar

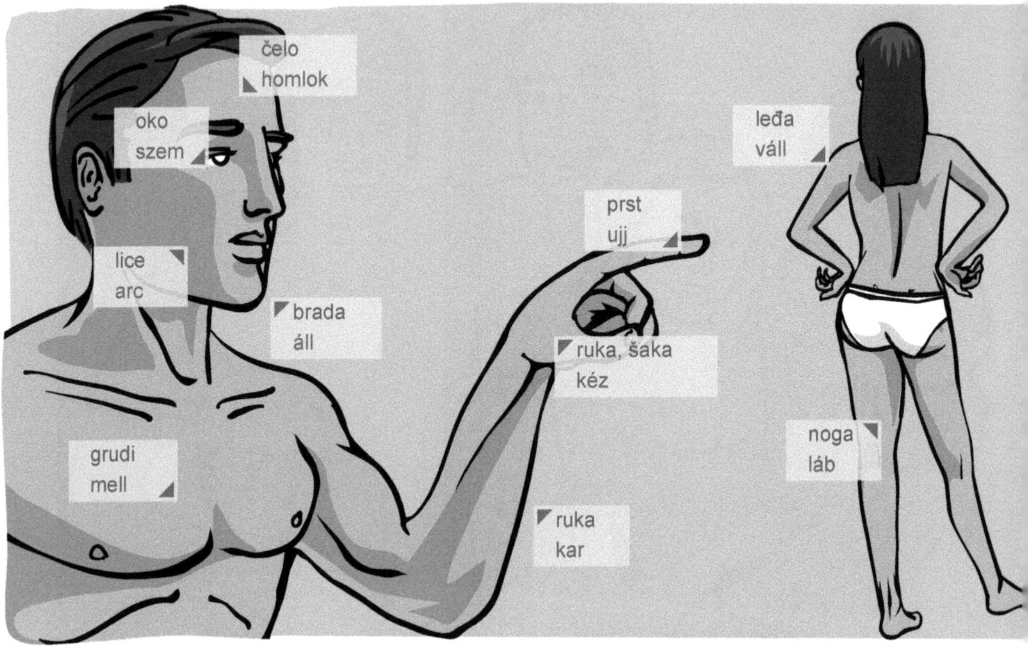

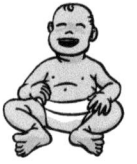

beba
kisbaba

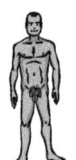

muškarac
ember

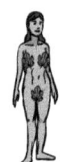

žena
nő

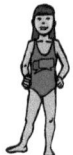

djevojčica
lány

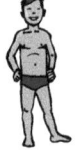

dječak
fiú

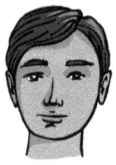

glava
fej

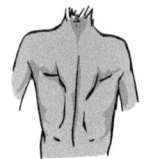

leđa

hát

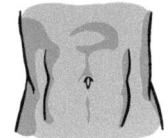

stomak

has

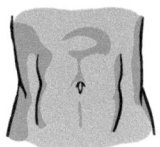

pupak

köldök

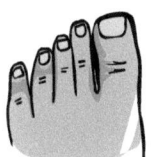

nožni prst

lábujj

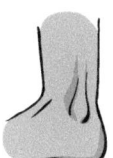

peta

sarok

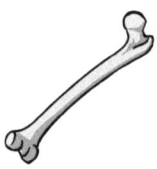

kosti

csont

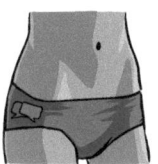

kuk

csípő

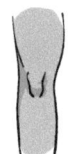

koljeno

térd

lakat

könyök

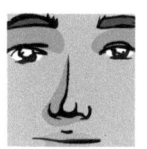

nos

orr

stražnjica

fenék

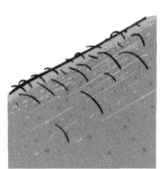

koža

bőr

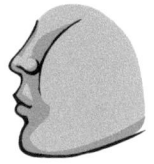

obraz

orca

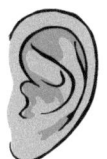

uho

fül

usna

ajak

usta

száj

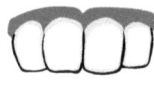

zub

fog

jezik

nyelv

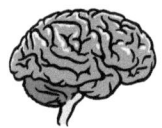

mozak

agy

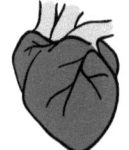

srce

szív

mišić

izom

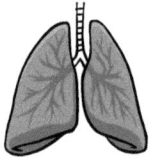

pluća

tüdő

jetra

máj

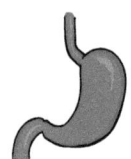

želudac

gyomor

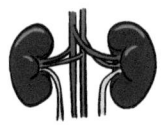

bubreg

vese

spolni odnos

szex

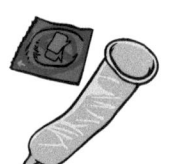

kondom

kondom

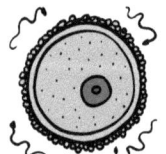

jajna ćelija

petesejt

sperma

sperma

trudnoća

terhesség

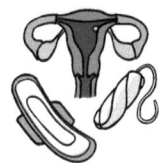

menstruacija
menstruáció

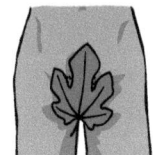

vagina
vagina

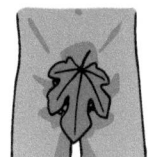

penis
pénisz

obrva
szemöldök

kosa
haj

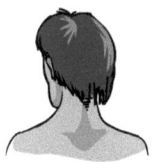

vrat
nyak

bolnica
kórház

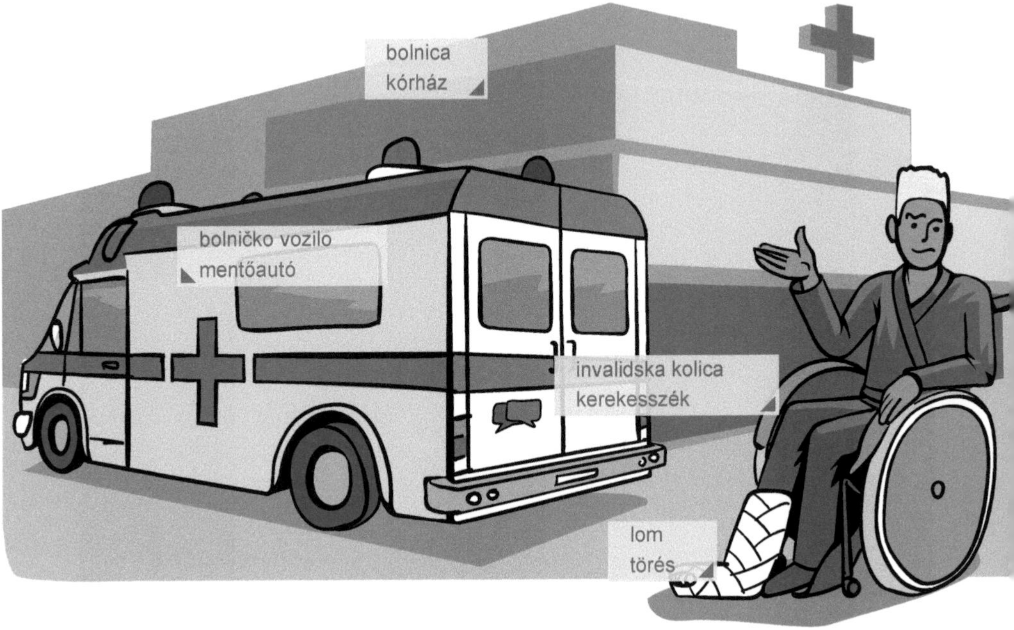

bolnica
kórház
bolničko vozilo
mentőautó
invalidska kolica
kerekesszék
lom
törés

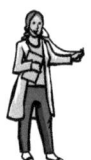

ljekar
orvos

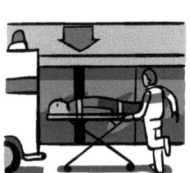

hitna služba
sürgősségi osztály

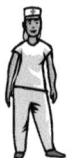

medicinska sestra
ápoló

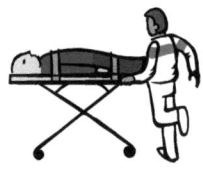

hitna pomoć
vészhelyzet

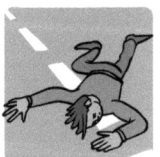

nesvjest
eszméletlen

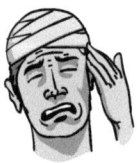

bol
fájdalom

povreda
sérülés

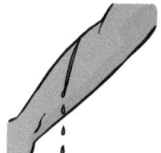

krvarenje
vérzés

srčani udar, infarkt
szívroham

moždani udar
szélütés

alergija
allergia

kašalj
köhögés

groznica
láz

gripa
influenza

proljev
hasmenés

glavobolja
fejfájás

rak
rák

dijabetes
cukorbetegség

hirurg
sebész

skalpel
szike

operacija
műtét

CT
CT

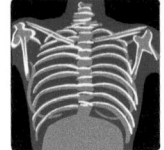

rendgen
röntgen

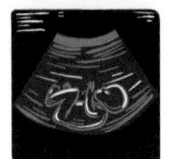

ultrazvuk
ultrahang

maska
arcmaszk

bolest
betegség

čekaonica
váróterem

štake
mankó

flaster
sebtapasz

zavoj
kötszer

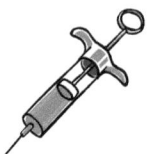

injekcija
injekció

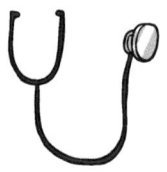

stetoskop
sztetoszkóp

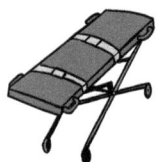

nosilo
hordágy

termometar
klinikai hőmérő

porod
születés

prekomjerna težina, debljina
túlsúly

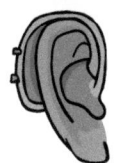		
slušni aparat	sredstvo za dezinfekciju	infekcija
hallókészülék	fertőtlenítőszer	fertőzés

virus	HIV/ AIDS	medicina
vírus	HIV/AIDS	orvosság
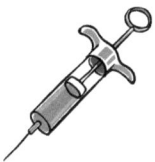	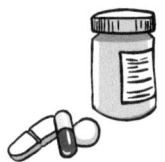	
vakcinacija	tablete	pilula
oltás	tabletták	tabletta

hitni poziv	aparat za mjerenje pritiska	bolestan / zdrav
sürgősségi hívás	vérnyomásmérő	betegség / egészség

Upomoć!

Segítség!

alarm

riasztás

napad, prepad

rajtaütés

napad

támadás

opasnost

veszély

izlaz u slučaju opasnosti

vészkijárat

Požar!

tűz!

vatrogasni aparat

tűzoltókészülék

nezgoda

baleset

torba prve pomoći

elsősegélycsomag

SOS

SOS

policija

rendőrség

Europa

Európa

Sjeverna Amerika

Észak-Amerika

Južna Amerika

Dél-Amerika

Afrika

Afrika

Azija

Ázsia

Australija

Ausztrália

Atlantik

Atlanti-óceán

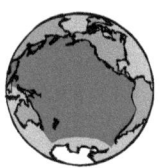

Pacifik

Csendes-óceán

Indijski okean

Indiai-óceán

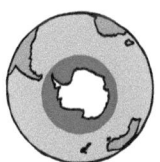

Antarktički okean

Déli-óceán

Arktički okean

Jeges-tenger

Sjeverni pol

Északi-sark

Južni pol

Déli-sark

Antarktik

Antarktisz

Zemlja

föld

zemlja

szárazföld

more

tenger

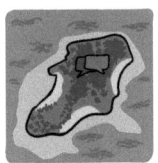

ostrvo

sziget

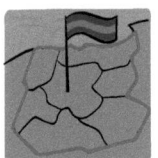

nacija

nemzet

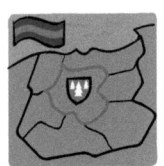

država

állam

brojčanik sata

számlap

kazaljka sata

kismutató

kazaljka minute

nagymutató

kazaljka sekunde

másodpercmutató

Koliko je sati?

Mennyi az idő?

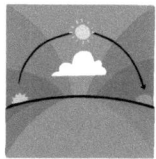

dan

nap

vrijeme

idő

sada

most

digitalni sat

digitális óra

minuta

perc

sat

óra

ponedjeljak
hétfő

MO

W srijeda
szerda

FR petak
péntek

TU

TH

SA

SO

utorak
kedd

subota
szombat

četvrtak
csütörtök

nedjelja
vasárnap

juče
tegnap

danas
ma

sutra
holnap

jutro
reggel

podne
dél

veče
este

MO	TU	WE	TH	FR	SA	SU
1	2	3	4	5	6	7
8	9	10	11	12	13	14
15	16	17	18	19	20	21
22	23	24	25	26	27	28
29	30	31	1	2	3	4

radni dani
hétköznap

MO	TU	WE	TH	FR	SA	SU
1	2	3	4	5	6	7
8	9	10	11	12	13	14
15	16	17	18	19	20	21
22	23	24	25	26	27	28
29	30	31	1	2	3	4

vikend
hétvége

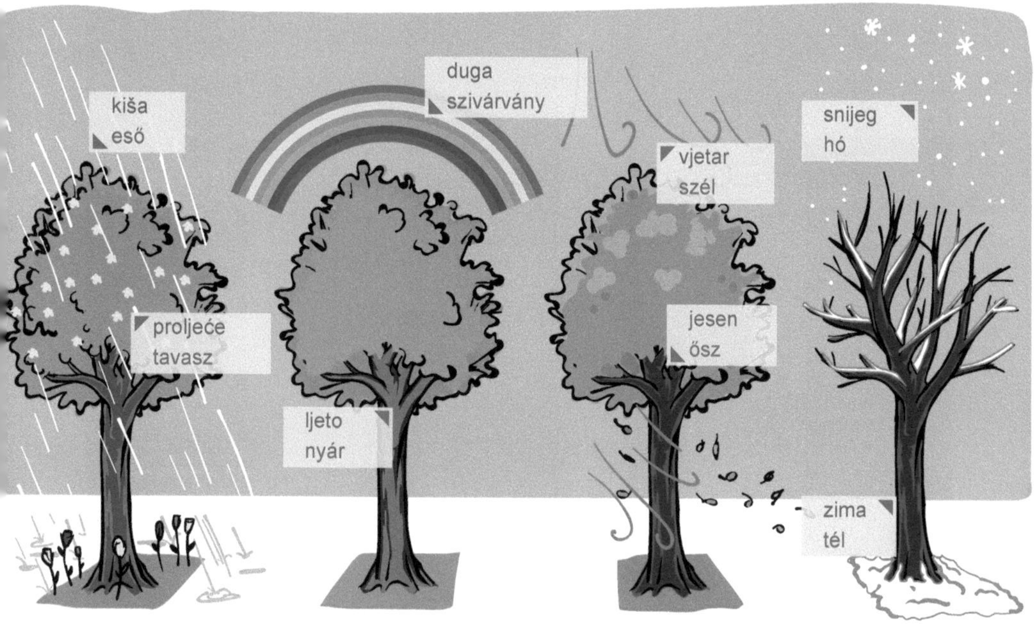

kiša
eső
duga
szivárvány
snijeg
hó
vjetar
szél
proljeće
tavasz
jesen
ősz
ljeto
nyár
zima
tél

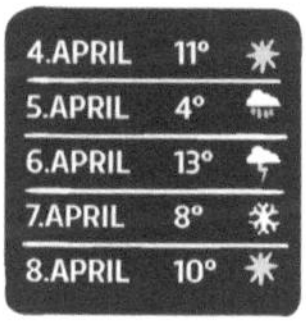

4.APRIL 11°
5.APRIL 4°
6.APRIL 13°
7.APRIL 8°
8.APRIL 10°

prognoza vremena

időjárás előrejelzés

F
C
120
90
60
30
0
-30
40
30
20
10
0
-10
-20

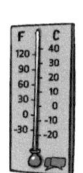

termometar

hőmérő

sunčev sjaj

napsütés

oblak

felhő

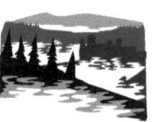

magla

köd

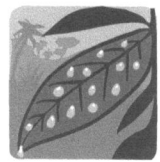

vlažnost vazduha

páratartalom

munja

villámlás

grom

mennydörgés

oluja

vihar

tuča, led

jégeső

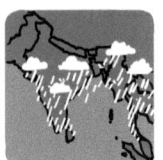

monsun

monszun

poplava

áradás

led

jég

januar

január

februar

február

mart

március

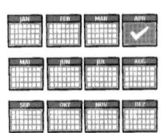

april

április

maj

május

juni

június

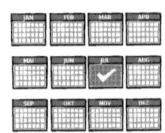

juli

július

avgust

augusztus

godina - év

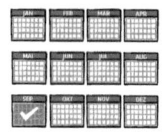

septembar

szeptember

oktobar

október

novembar

november

decembar

december

krug

kör

kvadrat

négyzet

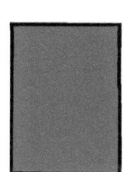

pravougao

téglalap

trougao

háromszög

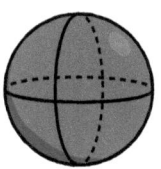

kugla

gömb

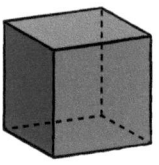

kocka

kocka

bjel
....
fehér

žut
....
sárga

narandžast
....
narancs

pink
....
rózsaszín

crven
....
piros

ljubičast
....
lila

plav
....
kék

zelen
....
zöld

smeđ
....
barna

siv
....
szürke

crn
....
fekete

malo / mnogo

sok / kevés

ljutit / miran

mérges / nyugodt

lijep / ružan

szép / csúnya

početak / kraj

kezdet / vég

veliki / mali

nagy / kicsi

svijetlo / tamno

világos / sötét

brat / sestra

fivér / nővér

čist / prljav

tiszta / koszos

potpun / nepotpun

teljes / nem teljes

dan / noć

nappal / éjszaka

mrtav / živ

halott / élő

široko / usko

széles / keskeny

ukusno / neukusno
....
ehető / nem ehető

zao / prijatan
....
gonosz / kedves

uzbuđen / dosadan
....
izgatott / unott

debeo / mršav
....
kövér / vékony

najprije / najkasnije
....
első / utolsó

prijatelj / neprijatelj
....
barát / ellenség

pun / prazan
....
teli / üres

trvd / mekan
....
kemény / puha

težak / lagan
....
nehéz / könnyű

glad / žeđ
....
éhség / szomjúság

bolestan / zdrav
....
betegség / egészség

ilegalan / legalan
....
illegális / legális

inteligentan / glup
....
intelligens / buta

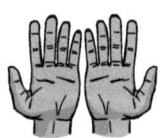

lijevo / desno
....
bal / jobb

blizu / daleko
....
közel / távol

nov / polovan

új / használt

ništa / nešto

semmi / valami

star / mlad

idős / fiatal

uključeno / isključeno

be / ki

otvoreno / zatvoreno

nyitva / zárva

tiho / glasno

csendes / hangos

bogat / siromašan

gazdag / szegény

tačno / pogrešno

helyes / helytelen

hrapav / glatak

érdes / sima

tužan / srećan

szomorú / vidám

kratak / dug

rövid / hosszú

spor / brz

lassú / gyors

mokro / suho

nedves / száraz

toplo / hladno

meleg / hideg

rat / mir

háború / béke

brojevi
számok

0

nula

nulla

1

jedan

egy

2

dva

kettő

3

tri

három

4

četiri

négy

5

pet

öt

6

šest

hat

7

sedam

hét

8

osam

nyolc

9

devet

kilenc

10

deset

tíz

11

jedanaest

tizenegy

12
dvanaest

tizenkettő

13
trinaest

tizenhárom

14
četrnaest

tizennégy

15
petnaest

tizenöt

16
šesnaest

tizenhat

17
sedamnaest

tizenhét

18
osamnaest

tizennyolc

19
devetnaest

tizenkilenc

20
dvadeset

húsz

100
sto

száz

1.000
hiljada

ezer

1.000.000
milion

millió

engleski

angol

američki engleski

amerikai angol

kinesko mandarinski

mandarin kínai

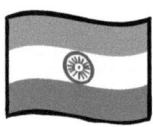

hindi

hindi

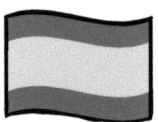

španski

spanyol

francuski

francia

arapski

arab

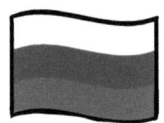

ruski

orosz

portugalski

portugál

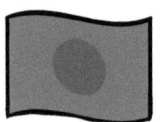

bengalski

bengáli

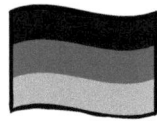

njemački

német

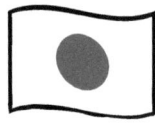

japanski

japán

ja
....
én

ti
....
te

on / ona / ono
....
ő

mi
....
mi

vi
....
ti

oni
....
ők

ko?
....
ki?

šta?
....
mi?

kako?
....
hogyan?

gdje?
....
hol?

kada?
....
mikor?

ime
....
név

iza
....
mögött

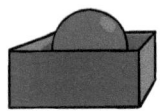

u
....
benne

pred
....
elötte

iznad
....
felette

na
....
rajta

ispod
....
alatta

pored
....
mellett

između
....
között

mjesto
....
hely